REDES

NEURONALES

Guía Sencilla de Redes Neuronales

Artificiales

Tabla de Contenidos

Capítulo 1

Introducción a las Redes Neuronales

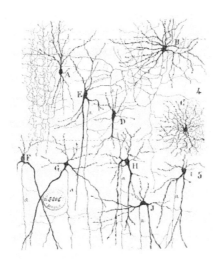

¿Por qué aprender acerca de Redes Neuronales?

En esta sección, discutiremos acerca del desarrollo de redes neuronales artificiales (ANNs por sus siglas en inglés), las cuales estaban basadas en el funcionamiento del cerebro humano.

A lo largo de los años, muchos investigadores realizaron experimentos de modo que pudieran comprender la inteligencia humana. Esta investigación es ahora útil para el cálculo. En este capítulo, explicaremos cómo los científicos usan redes neuronales biológicas para crear redes neuronales artificiales. Echaremos un vistazo a esas redes neuronales biológicas que son las bases de redes neuronales artificiales.

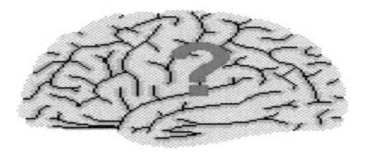

Como sabes, es bastante fácil usar redes neuronales en el cálculo. Fueron desarrolladas con referencia a un modelo complejo del sistema nervioso humano. Puedes considerarlas como modelos simplificados de nuestras funciones cerebrales.

De la Investigación Neurológica a Redes Neuronales Artificiales

Los científicos siempre han sido fascinados por la complejidad del cerebro humano. Luego de muchos años de investigación extensiva, finalmente somos capaces de presenciar el progreso de esta investigación. Antes de la era moderna, simplemente no podíamos entender cómo funciona el cerebro humano. Las primeras ANNs fueron desarrolladas en los 1990s.

En este momento había menos información disponible acerca de las funciones cerebrales, tales como la percepción y la manera en la que la inteligencia funciona. La investigación enfocándose en enfermedades específicas y heridas nos ha llevado a entender cómo nuestro cerebro controla el movimiento. Nuestro conocimiento de estas tareas específicas, tal como las realizan las partes de nuestro cerebro, era bastante limitado.

La investigación nos ayuda a entender cómo estos componentes cerebrales nos ayudan a controlar el movimiento y otras funciones esenciales. Ahora sabemos qué partes de nuestro cerebro están asociadas con tipos de lesiones específicas.

Concebimos los hemisferios individuales como sistemas especializados bien definidos. Puedes ver esto en la siguiente figura, la cual explica la ubicación de varias funciones cerebrales.

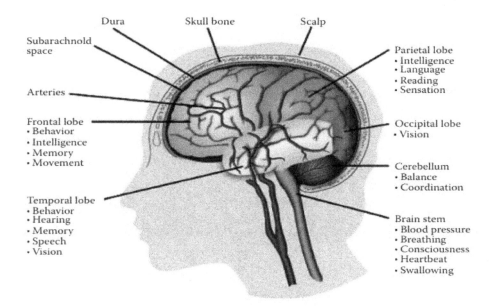

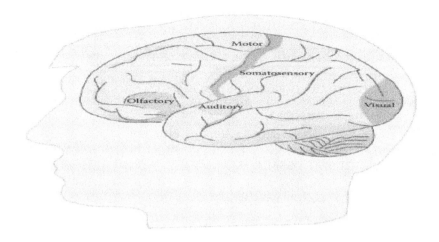

También, en la siguiente figura, puedes entender las funciones de cada lado del cerebro.

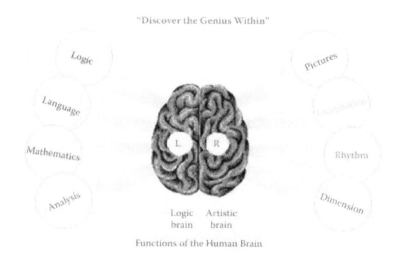

Functions of the Human Brain

Sin embargo, también está el problema de los electrodos cambiantes dentro de una colección de datos de la vida real.

A pesar de que la experimentación animal es posible, matar a un animal en el nombre de la ciencia es más bien controversial, incluso si se hace por un fin noble.

También es imposible sacar una conclusión exacta respecto al cerebro humano basándose en los resultados de la prueba animal. Hay diferencias entre los cerebros humanos y animales, especialmente dentro de los sistemas músculo-esqueléticos y circulatorios.

Vamos a echar un vistazo a los diferentes métodos que los creadores de redes neuronales han usado para trabajar con las características más deseables y las propiedades del cerebro, que han desarrollado por medio de la evolución. Nuestro cerebro consiste de neuronas que funcionan como células de procesamiento separadas.

Un neurocientífico describió al cerebro humano como una red de elementos conectados. Generan y envían señales de control a cada parte del cuerpo. De hecho aprenderás más acerca de las estructuras de neuronas biológicas y sus equivalentes artificiales, que son los componentes principales de la estructura de una red neuronal.

Observa en la siguiente figura, cómo una neurona individual es aislada de la red de neuronas que constituye la corteza cerebral.

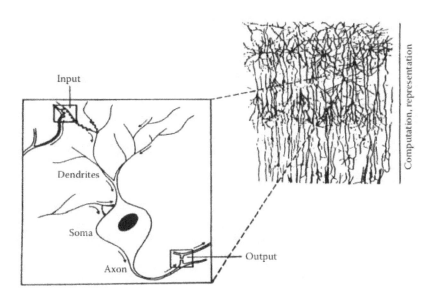

Discutiremos los elementos mostrados en la imagen anterior con más detalle después.

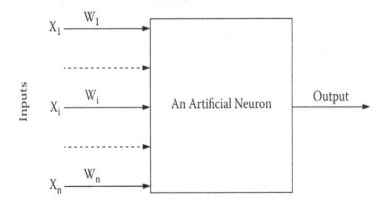

Como puedes ver, las neuronas neurales tienen una construcción intrincada y diversa. Las redes neuronales artificiales han rebajado esta estructura, y son también más simples en ciertas áreas, tales como el área de actividad. Incluso si hay muchas diferencias, puedes usar redes neuronales artificiales para duplicar comportamientos complejos.

Como puedes ver en la última figura, la neurona puede ser reproducida gráficamente de modo que podemos ver una célula neural real, la cual podría pertenecer al cerebro de una rata, o un humano, puesto que son bastante similares. Modelar una ANN simple con un sistema electrónico simple es bastante fiable.

Es bastante fácil modelar ambas funciones como un algoritmo de computadora que nos muestra sus actividades. La primera red neuronal fue construida como una máquina electrónica, conocida como perceptrón.

Vamos a hablar acerca de cómo la información biológica es usada en el campo de la neurocibernética para desarrollar redes neuronales. Los científicos que crearon las primeras redes neuronales entendieron las acciones de las neuronas naturales. Su descubrimiento más importante fue acerca del proceso por el cuál una neurona pasa una señal a otra neurona.

Los científicos notaron que, mientras procesaban información, esas grandes y complicadas células que se encargan de la comunicación entre las neuronas son las más importantes. Las sinapsis son también participantes importantes en el proceso. Son muy pequeñas, de modo que se requieren microscopios ópticos para verlas.

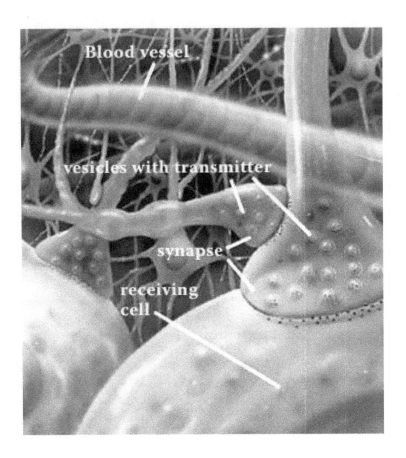

Un neurocientífico británico probó que, mientras la señal neuronal pasa por la sinapsis, sustancias químicas llamadas neuro-moduladores son usados. Siempre son liberados en el punto final del axón, desde las neuronas que transfieren la información, la cual es luego enviada a la membrana pos sináptica del receptor (otra neurona).

Enseñar a cualquier neurona siempre depende del a fuerza de la señal que es enviada por un axón desde la célula transmisora, de modo que una cantidad muy grande o muy pequeña del mediador es enviada por la sinapsis que recibirá la señal.

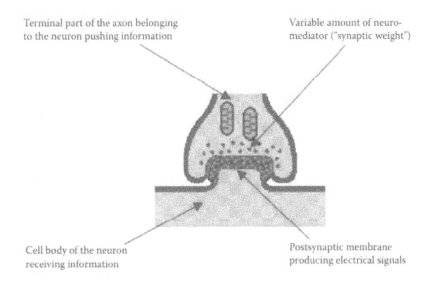

Terminal part of the axon belonging to the neuron pushing information

Variable amount of neuro-mediator ("synaptic weight")

Cell body of the neuron receiving information

Postsynaptic membrane producing electrical signals

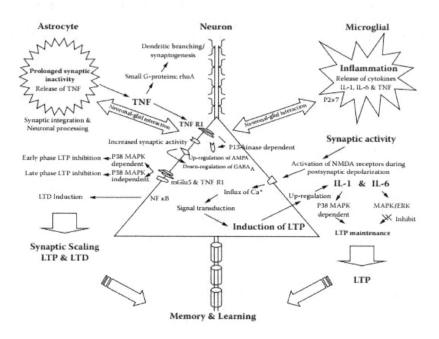

Astrocyte

Prolonged synaptic inactivity
Release of TNF

Synaptic integration & Neuronal processing

Early phase LTP inhibition → P38 MAPK dependent

Late phase LTP inhibition → P38 MAPK independent

LTD Induction ——— NF κB

Synaptic Scaling LTP & LTD

Neuron

Dendritic branching/ synaptogenesis

Small G-proteins; rhoA

TNF

Neuronal-glial interaction

TNF R1

Increased synaptic activity

P13-kinase dependent

Up-regulation of AMPA

Down-regulation of $GABA_A$

mGlu5 & TNF R1

Influx of Ca^+

Signal transduction

Induction of LTP

Microglial

Inflammation
Release of cytokines IL-1, IL-6 & TNF

P2x7

Neuronal-glial interaction

Synaptic activity

Activation of NMDA receptors during postsynaptic depolarization

IL-1 & IL-6

Up-regulation

P38 MAPK dependent

MAPK/ERK

✕ Inhibit

LTP maintenance

LTP

Memory & Learning

Preguntas

1. Describe ¿Describe la estructura biológica de una neurona?

2. ¿Cuál es la función principal de una neurona?

3. Lista las funciones de cada lado del cerebro.

4. ¿Cuáles son las funciones del lóbulo temporal?

Capítulo 2

Estructuras de Redes Neuronales

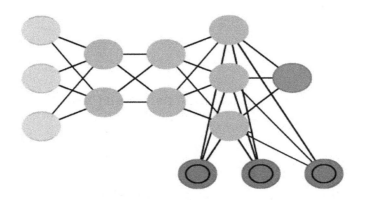

Construyendo una Red Neuronal

Cuando éramos jóvenes, intentábamos comprender como funciona el mundo: por ejemplo, al romper un reloj de alarma en pedazos, o al abrir un grabador de cintas para ver lo que tiene adentro. En esa línea, vamos a intentar dar una explicación simple de cómo es construida una red neuronal. Como explicamos en la sección previa, una red neuronal es un sistema que realiza cálculos, basado en las actividades de elementos llamados neuronas.

Las redes neuronales artificiales siempre están basadas en muchas neuronas. Por otra parte, las neuronas biológicas están conectadas de una forma menos complicadas. El modelo de ANN de algo como un sistema nervioso real será bastante difícil de controlar.

En la siguiente figura, puedes ver cómo una red neuronal artificial está basada en otra estructura y otro esquema de nuestro sistema nervioso de la vida real.

Podrías notar también que la estructura no es muy clara pero sin embargo, es bastante compleja. Es como un vasto bosque.

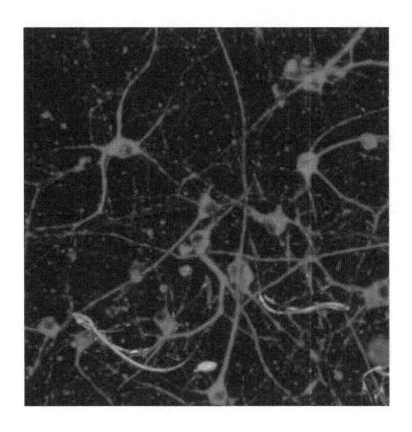

Las redes neuronales artificiales siempre están construidas de modo tal que sus estructuras sean fáciles de trazar y también para que puedan ser usadas y producidas muy económicamente. De hecho, estas estructuras pueden ser planas (unidimensionales o bidimensionales), y regularmente repetidas, con capas de neuronas artificiales. Tienen un objetivo bien definido, y están enlazadas de acuerdo a una estructura muy simple. Como puedes ver en la siguiente figura, la cual permita una estructura de red neuronal común, una ANN es simple en comparación a una red biológica. Hay tres factores que afectan las propiedades y posibilidades de una red neuronal artificial:

1. Los elementos son usados para construir la red (cómo las neuronas se ven y funcionan);

2. Cómo podemos conectar las neuronas entre sí; y

3. Cómo establecer los argumentos y los parámetros de tu red por medio del proceso de aprendizaje,

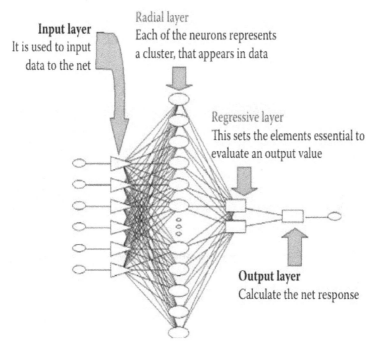

La Construcción de Neuronas Artificiales

Los materiales de construcción básicos usados para crear una red neural son neuronas artificiales, y deberíamos aprender sobre ellas en gran detalle. En la sección pasada, discutimos acerca de las neuronas biológicas.

En la siguiente figura encontrarás una representación simple de una neurona. No todas las neuronas lucen así, pero la mayoría se parecen.

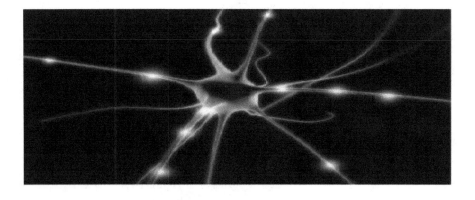

En la siguiente figura, puedes ver una neurona biológica que es parte de la corteza cerebral de una rata.

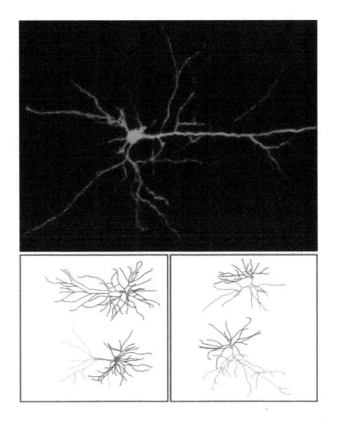

Es bastante difícil observar las diferencias entre un axón, el cual entrega señales desde una neurona específica a todas las otras neuronas, y una dendrita, la cual cumple un propósito especial desde el laberinto de fibras vistas en la figura. Las redes neuronales artificiales tienen todas las características necesarias para completar tareas, están caracterizadas por muchas entradas, pero sólo una salida. Las señales de la entrada, Xi I= 1 o 2 o 3...n, y el señal de la salida, y, puede tomar sólo un valor numérico. De hecho, las tareas serán resueltas por medio de la información, ese es el resultado o la salida de un protocolo específico. Generalmente, todas las entradas y salidas están asociadas con una definición específica para cualquier señal dada. Además, la extensión de señal se usa, de modo que los valores seleccionados de una señal dentro de una red no estén afuera de un protocolo acordado o rango; por ejemplo, de 0 a 3, y así sucesivamente.

Las neuronas artificiales realizan actividades dedicadas a introducir señales y producir señales de salida (sólo una por cada neurona). Esto significa dirigirlas a las otras neuronas o a la salida de la red. Esto se llama asignación de red; usada para reducir el funcionamiento a sus elementos neurales básicos. Esto se basa en el hecho de que transforma una entrada, x, de datos en una salida y, de datos al aplicar las reglas que son aprendidas y también asignadas en el momento en que la red es creada. Puedes ver cómo funciona esto en la siguiente figura.

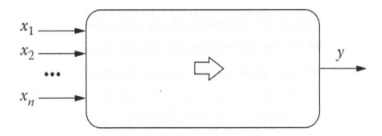

Pueden aprender a usar esos coeficientes que son sinápticos. Las neuronas reflejan los complejos procesos bioquímicos y bio-eléctricos que toman lugar en una sinapsis neuronal biológica. Este tipo de peso constituye la base de una red de enseñanza, la cual puede ser modificada.

Añadir coeficientes de peso de variable a una estructura de neurona la hace una unidad capaz de aprender. Puedes pensar en las ANNs como procesadores de computadoras con características de dicadas, como se describe a continuación. Cada neurona recibe muchas señales de entrada, Xi, y, en base a las entradas, determina su respuesta y, con una sola señal de salida. Un parámetro peso llamado WI es conectado para separar las entradas de la neurona. Expresa el grado de importancia de la información que llega a una neurona usando una entrada específica, xi. Una señal que llega por una entrada particular es primero modificada con el uso del peso de la entrada.

Más a menudo, la modificación se basa en el hecho de que una señal es simplemente multiplicada por el peso de una entrada dada. Consecuentemente, en cálculos posteriores, esta señal participará en otra forma.

La señal es bastante fuerte si el valor del peso es mayor que 1 o menor que 1. Esta señal de una entrada específica aparecerá en las señales opuestas de las entradas si el peso de la entrada tiene un valor menor que 1. Las entradas con pesos negativos son definidas por usuarios de redes neuronales como entradas inhibitorias; aquellas con pesos positivos son llamadas entradas excitantes. Las señales de entrada son agregadas en una neurona.

Las redes usan muchos métodos para agregar señales de entrada. De hecho, las agregaciones consisten simplemente en añadir señales de entrada para determinar las señales internas.

Esto se conoce como estimulación cumulativa de neuronas o estimulación postsináptica. Esta señal puede ser definida también como un valor de red. Quizás una neurona añade un componente extra, independiente de la entrada de señales, a la suma creada de señales.

Podemos llamarlo un sesgo, y de hecho pasa por los métodos de aprendizaje. Entonces, un sesgo será considerado como un peso extra asociado con las entradas, y brinda una señal interna de valor constante igual a 1.

Un sesgo ayuda en la información de propiedades de una neurona durante la fase de aprendizaje, cuando las propiedades de función no tienen que pasar por el inicio del sistema coordenado.

La siguiente figura ilustra una neurona con un sesgo. La suma de señales internas multiplicadas por sus pesos, además de un sesgo, a veces puede ser enviada directamente a su axón y tratada como una señal de salida de una neurona. Esto funciona bien para sistemas lineales,

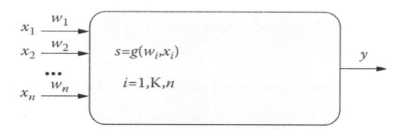

algo como redes lineales adaptativas. En una red con muchas capacidades, tales como un perceptrón multicapas, la salida de la señal de la neurona será calculada por medio de muchas funciones. El símbolo o se usa para representar la función. A continuación, una figura representa una neurona, pero con características que también pueden ser seleccionadas de una forma que asegure la eficiencia completa de los cálculos realizados por una red neuronal.

En todos los tiempos, la función construye un elemento importante entre una estimulación conjunta de una neurona y su señal de salida. El conocimiento de las entradas, los coeficientes de peso, los métodos de agregación de entrada, y las características de la neurona, permitieron definir inequívocamente la señal de salida en cualquier momento, siempre asume

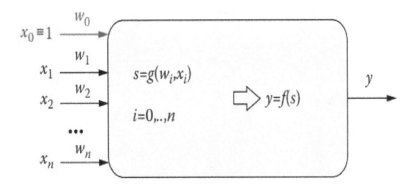

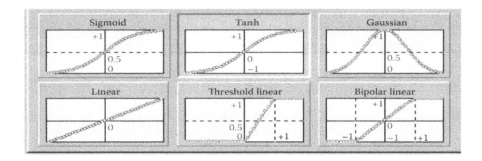

que el proceso aparece instantáneamente, contrario a lo que pasa con neuronas biológicas. Esto ayudará a las ANNs a reflejar los cambios en las señales de entrada instantáneamente en la salida. Esta es una suposición claramente teórica. Luego de que las señales de entrada cambian, incluso en ensayos electrónicos, se necesita algo de tiempo para establecer el valor correcto de una señal de salida con un circuito integrado adecuado.

Se necesitaría más tiempo para lograr el mismo efecto en una simulación: una computadora imitando las actividades de una red tiene que calcular todos los valores de todas las señales en todas las salidas de todas las neuronas en una red.

Esto requeriría mucho tiempo, incluso con computadoras bastante rápidas. No prestarás atención al tiempo de reacción de una neurona en discusiones de una red funcionando porque es un factor trivial en este contexto.

Esta neurona presentada en esta figura es el modelo típico que será usado para crear una red neuronal. De hecho, este material de red neuronal está hecho de neuronas conocidas como preceptrones. Esta neurona es referida por la función de agregación consistiendo simplemente de sumar las señales de entrada, multiplicadas por los pesos, y usa una función de trasferencia no lineal con una forma sigmoide.

Las neuronas radiales son usadas a veces para propósitos especiales. Involucran un método atípico para agregaciones de datos de entrada, usan propiedades específicas, y son enseñadas de manera inusual.

Vamos pasar a los detalles elaborados acerca de estas neuronas específicas, las cuales son usadas principalmente para crear redes especiales conocidas como funciones de base radial.

El Modelo de Neuronas Biológicas

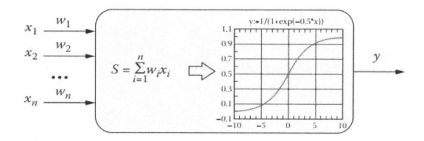

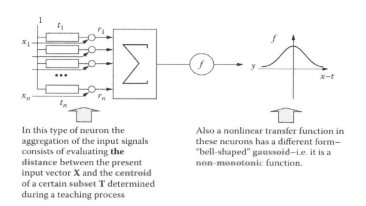

In this type of neuron the aggregation of the input signals consists of evaluating **the distance** between the present input vector **X** and the **centroid** of a certain **subset T** determined during a teaching process

Also a nonlinear transfer function in these neurons has a different form— "bell-shaped" **gaussoid**–i.e. it is a **non-monotonic** function.

Luego de muchos años, el científico Schutter intentó modelar en la estructura y funcionamiento de sólo una neurona, la Purkinje, en detalle. El modelo usa un sistema eléctrico que, de acuerdo a Hodgkin y Huxley, las actividades bioeléctricas modeladas de fibras individuales y las membranas celulares del soma neuronal.

Luego de considerar otra investigación en el funcionamiento de los llamados canales de iones, tuvo éxito en generar la forma de una célula real de Purkinje con precisión extraordinaria. El modelo resultó ser muy complicado e involucraba cálculos costosos.

Por ejemplo, requería 1600 compartimentos (fragmentos de células tratadas como partes homogéneas conteniendo sustancias específicas en concentraciones específicas), 8021 modelos de canales de iones, más de 9 descripciones matemáticas complicadas de canales de iones dependientes del voltaje, más de 30000 ecuaciones diferenciales, más de 19000 parámetros para estimar el ajuste del modelo, y una descripción precisa de la morfología celular, basada en imágenes precisas de microscopio. No es sorpresa que se necesitaron muchas horas de trabajo continuo en una gran súper-computadora para simular varios segundos de "vida" de tal célula nerviosa.

A pesar de este problema, los resultados del modelado fueron bastante impresionantes, y claros. Este intento de modelar fielmente la estructura y la acción de una neurona biológica real fue exitosa, pero simplemente era muy cara para crear redes neuronales prácticas para uso amplio.

Cuando los investigadores usaron solamente modelos simplificados. A pesar de ello, sabemos que las redes neuronales pueden resolver ciertos problemas efectivamente, y pueden inclusive permitirnos sacar conclusiones interesantes acerca del comportamiento del cerebro humano.

Cómo funcionan

La primera descripción de las ANNs indica que cada neurona posee una memoria interna específica (podemos representarlas por los valores de los pesos actuales y los sesgos) y ciertas habilidades para convertir señales de entrada en señales de salida.

No trae nada que estas habilidades sean más bien limitadas. Una neurona es como un procesador barato dentro de un sistema que contiene quizás miles de tales elementos.

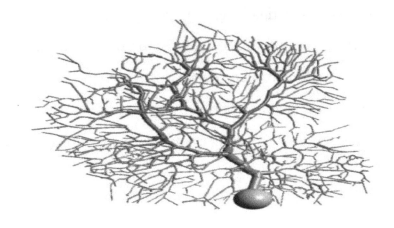

Las ANNs son componentes útiles de sistemas que pueden procesar tareas basadas en datos bastante complejos. Una red neuronal es el resultado de la cantidad limitada de información recolectada por una sola neurona y sus capacidades de cálculo pobres. Consiste de varias neuronas que pueden actuar como un todo.

Por ende, todas las capacidades y propiedades de las redes neuronales mencionadas anteriormente resultan de los desempeños colectivos de muchos elementos conectados que constituyen la red entera. Esta especialidad de la ciencia computacional es conocida como procesamiento paralelo masivo.

Ahora, vamos a examinar los detalles operacionales de una red neuronal. Es claro de la discusión anterior que el programa de la red, la información que constituye la base de datos del conocimiento, y los datos que pueden ser calculados, y los procesos de cálculo, están completamente distribuidos.

No es posible señalar un área dónde se almacena información específica, incluso si las redes neuronales pueden funcionar como memorias, especialmente las llamadas memorias asociativas han mostrado un desempeño impresionante. También es posible conectar ciertas áreas de una red a una parte dada del algoritmo que fue usado: por ejemplo, para indicar cuáles elementos de la red son responsables del procesamiento inicial y el análisis y cuáles elementos producen resultados finales de la red.

Ahora analizaremos cómo funciona una red neuronal y qué roles juegan los elementos individuales en la operación entra. Puedes asumir que todas los pesos de la red ya están determinados (por ejemplo, que un proceso de enseñanza e ha sido logrado).

El proceso importante de enseñar a una red es más bien un proceso complejo. Empezamos nuestro análisis desde el punto de vista dónde un nueva tarea es presentada a una red.

La tarea puede ser representada como una cantidad de señales de entrada apareciendo en todas las entradas.

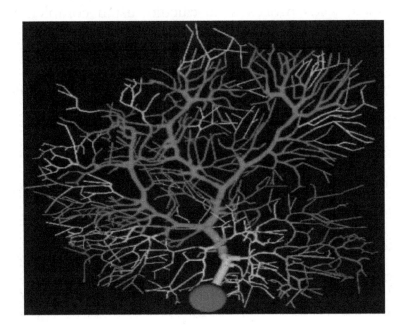

Las señales pueden ser representadas por puntos rojos. Estas señales de entrada alcanzan las neuronas en la capa de entrada. Estas neuronas usualmente no procesan las señales; sólo las distribuyen en la capa escondida. La naturaleza distinta de las neuronas de la capa que sólo distribuyen señales, más allá de procesarlas, generalmente es representada gráficamente por varios tipos de símbolos (por ejemplo, un triángulo en lugar de un cuadrado).

El siguiente paso involucra la activación de las neuronas en la capa escondida. Las neuronas usan sus pesos (por lo tanto utilizando los datos que contienen), primero para modificar las señales de entrada y agregarlas, y luego, calcular de acuerdo a sus características las señales de salida que son dirigidas a las neuronas en la capa de salida.

Esta etapa de procesamiento de datos es crucial para redes neuronales. A pesar de que la capa no existe externamente (las señales no serán registradas en los puertos de entrada o de salida), esta es la capa dónde la mayoría de la actividad de resolver tareas es realizada. La mayoría de las conexiones de la red y sus pesos están localizadas entre las entradas y las capas escondidas.

Podemos decir que la mayoría de los datos en el proceso de aprendizaje están en esta capa. Estas señales serán brindadas por medio de la capa (escondidas). Las neuronas no tienen contradicciones directas, a diferencia de las señales de entrada o de salida- cada señal tendrá un significado para la tarea que es resuelta- pero con este proceso, la capa de las neuronas brinda productos no completos.

Es decir, las señales especifican la tarea de modo tal que sea relativamente fácil de usar cada una de ellas.

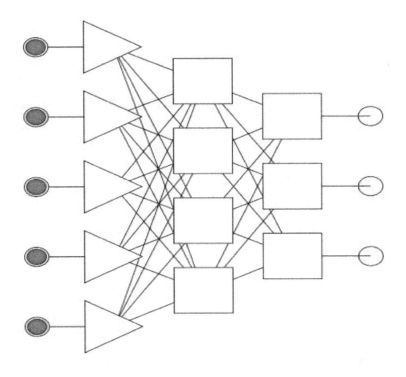

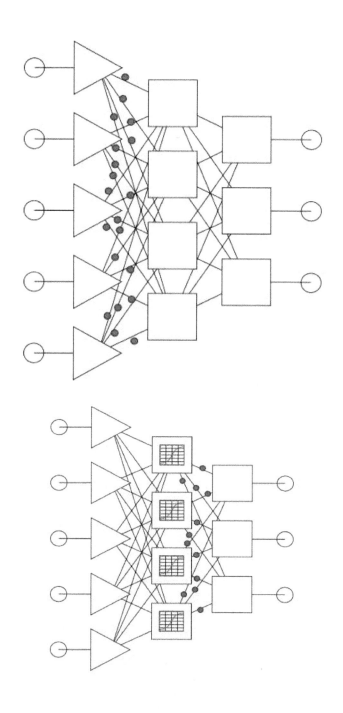

Al trabajar con el desempeño de la red en al menos la última etapa de la tarea resuelta, puedes ver que la capa de neuronas tomará características de sus habilidades para sumar las señales y sus propiedades para construir la última solución en los puertos de salida de la red.

En otras palabras, una red siempre trabaja como un todo, y todos sus elementos contribuyen a realizar todas las tareas de la red. Este proceso es similar a una reproducción holográfica, en la cual uno puede reproducir una imagen completa de un objeto fotografiado usando las piezas de un plato fotográfico roto.

Una de las ventajas del desempeño de la red es su habilidad excelente para funcionar adecuadamente, incluso después de que una parte significativa de sus elementos fallan. Un científico ha tomado algunas de las habilidades de su red (como el método de reconocimiento de letras) y luego las ha probado mientras dañaba más y más sus elementos. Estas redes eran circuitos electrónicos especiales. A pesar de que Rosenblatt dañó una parte importante de una red, la misma continuó funcionando apropiadamente.

La falla de un alto número de neuronas y conexiones causaría que la calidad del desempeño se deteriorara, en esa parte dañada, la red cometería más errores (por ejemplo, reconocer *O* como *D*) pero no fallaría al funcionar.

Compara este comportamiento al hecho de que la falla de un solo elemento de un dispositivo electrónico moderno, tal como una computadora o un televisor, puede causar que deje de funcionar totalmente. Más de miles de neuronas dentro del cerebro mueren todos los días por muchas razones, pero nuestro cerebro sigue funcionando infaliblemente a lo largo de nuestras vidas.

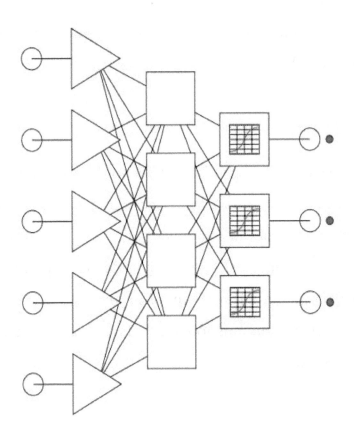

Las Capacidades de la Estructura de la Red Neuronal

Puedes considerar la relación entre la estructura de una red neuronal y las tareas que puede realizar. También sabemos que las neuronas explicadas anteriormente son usadas para crear redes neuronales.

Las estructuras de la red son creadas al conectar salidas de ciertas neuronas con entradas de otras neuronas, basadas en un diseño específico. El resultado es un sistema de procesamiento máximo concurrente y en paralelo de información diversa. Cuando se tienen todos estos factores, siempre elegimos redes estructuradas en capas, y las conexiones entre capas son hechas en una base uno a uno. Obviamente, la topología específica de una red (el número de neuronas en capas) debería estar basada en los tipos de tareas que la red procesará.

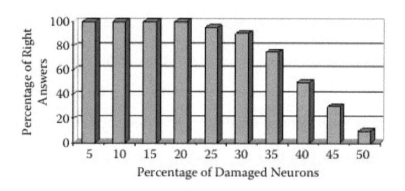

En esta teoría, la regla es simple: cuanto más compleja es la tarea, más neuronas se necesitan para resolverla. Una red con más neuronas simplemente es más inteligente. Para ser prácticos, este concepto no es tan inequívoco como parece. El concepto de redes neuronales **contiene grandes obras,**

43

probando que las decisiones respecto a la estructura de la red afectan su comportamiento mucho menos de lo esperado.

Esta sentencia paradójica se deriva del hecho de que el comportamiento de una red es especificado fundamentalmente por el proceso de enseñanza de la red, no por su estructura o por el número de elementos que contiene.

Esto explica cómo una red neuronal bien explicada, que tiene una estructura específica, puede resolver tareas de una manera mucho más eficiente que una red mal entrenada con una estructura apropiada. Muchos experimentos realizados en estructuras de redes neuronales, creadas al decidir aleatoriamente cuáles elementos conectar, y de qué manera. A pesar de sus diseños casuales, las redes fueron capaces de resolver tareas complejas.

Vamos a echar un vistazo más de cerca a las consecuencias importantes de este diseño al azar. Si una red diseñada aleatoriamente puede lograr los resultados correctos a pesar de su estructura, su proceso de enseñanza puede por lo tanto permitirle ajustar sus parámetros para operar como se requiera, basándose en un algoritmo elegido. Esto significa que el sistema correrá correctamente, a pesar de su estructura totalmente aleatoria.

Estos experimentos fueron llevados a cabo primero a principios de los años 70. El científico lanzó los dados o retiró pajillas y, basado en los resultados finales, conectó elementos especificados de una red. La estructura resultante era completamente caótica. Luego de enseñarle, la red pudo resolver tareas efectivamente.

Los reportes del científico acerca de sus experimentos fueron tan impresionantes que otros científicos no creían que sus resultados fuesen posibles hasta que los experimentos fueron repetidos. Este sistema, que era similar al perceptrón construido por Rosenblatt, fue desarrollado y estudiado alrededor del mundo.

Las redes que no tienen una conexión estándar pueden aprender siempre a resolver tareas correctamente; sin embargo, el proceso de enseñanza para una red aleatoria es más complejo y consume más tiempo cuando se compara a la enseñanza de una red cuya estructura está relacionada razonablemente a la tarea a mano.

Es interesante notar que los filósofos también estaban interesados en los resultados de los investigadores. Afirmaban que los resultados finales probaban una teoría dada, y luego fue modificada, por otros científicos.

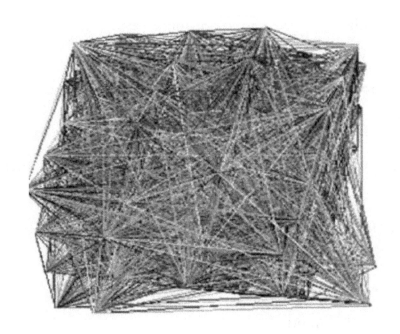

El investigador probó que este concepto es técnicamente posible, esencialmente, en la forma de redes neuronales. Otro problema es si el concepto funciona para todos los humanos.

El otro científico afirmó que las habilidades tempranas no significaban nada, y que el conocimiento recientemente ganado era todo. No puedes comentar acerca de las afirmaciones de los investigadores, pero sabemos que las redes neuronales ganan todo su conocimiento sólo al tener sus métodos de aprendizaje ajustados a la estructura de la tarea.

Por supuesto, la estructura de la red debe ser lo suficientemente complicada para permitir la "cristalización" de las conexiones necesitadas y las estructuras. Una red que es muy pequeña nunca aprenderá nada porque su "potencial intelectual" es inadecuado. Este problema importante es la cantidad de elementos involucrados, no el diseño de la estructura.

Por ejemplo, nadie enseña la teoría de la relatividad a una rata, inclusive si la rata pudiera haber sido entrenada para encontrar el camino entre laberintos complicados. De manera similar, ningún humano es programado al nacer para ser un cirujano, un arquitecto, o un obrero. Los trabajos y las carreras son opciones. Ninguna afirmación acerca de la igualdad puede cambiar el hecho de que algunos individuos tienen recursos intelectuales notables y otros no.

Puedes aplicar esta idea al diseño de la red. No puedes crear redes neuronales usando tecnología temprana, sin embargo, no es muy difícil crear un troglodita cibernético, el cual tiene tan pocas neuronas que no puede aprender nada. Una red puede realizar tareas ampliamente diversas y complejas, si es lo suficientemente grande. A pesar de que parezca que una red no puede ser muy grande, un tamaño mayor puede crear complicaciones.

Los estudios demuestran que una red resolverá un problema; una estructura neuronal es naturalmente más valiosa. Una estructura diseñada razonablemente, que se ajuste a los requerimientos del problema al inicio, puede acortar el tiempo de aprendizaje significativamente y mejorar los resultados.

Es por esto que queremos discutir la construcción de redes neuronales, incluso si no pueden brindar la solución para todos los tipos de problemas de construcción. Escoger una solución a un problema de construcción sin información suficiente es bastante difícil, si no imposible.

Construir una red neuronal de modo que pueda ser adaptada a cualquier estructura es similar al problema del ingeniero de software sin experiencia que está confundido por el mensaje del sistema que dice "presione cualquier tecla" . ¿Qué tecla?

Puedes reírte de ello, pero escuchamos una pregunta similar de nuestros estudiantes graduados: ¿Qué es "cualquier estructura" de una red neuronal?

Debemos ahora notar algunos hechos acerca de las redes neuronales comunes. No todos los aspectos de todas las estructuras son completamente entendidos. Puedes empezar por categorizar estructuras de red comúnmente usadas a dos sub-clases: redes neuronales con y sin retroalimentación (o feedback).

Las redes neuronales sin retroalimentación son llamadas a menudo de tipo feed-forward. Las redes en las cuales las señales pueden circular para una cantidad ilimitada de tiempo son llamadas recurrentes. Estas señales empiezan yendo desde la entrada y los datos relevantes para este problema que llegarán a la red neuronal, para obtener la salida en la cual la red neuronal brindará un resultado. Estos tipos de redes son las más frecuentemente usadas.

Las redes recurrentes son caracterizadas por la retroalimentación. Las señales pueden circular entre neuronas por tiempo muy corto antes de que lleguen a un estado fijado. En muchos casos, la red no puede brindar estados fijados.

Las conexiones presentadas como flechas rojas (externas) son retroalimentaciones, de modo que la red representada es recurrente. Las propiedades y habilidades de la red recurrente son más complejas que las de las redes feed-forward. Adicionalmente, su potenciales computacionales son increíblemente diferentes de los de otros tipos de redes neuronales. Por ejemplo, pueden resolver problemas de optimización.

Pueden buscar las mejores soluciones posibles- una tarea que es casi imposible para redes feed-forward. En las redes Hopfield, el único tipo de conexión entre neuronas es la retroalimentación. En el pasado, el desarrollo de la solución al famoso problema del vendedor que viaja por una red Hopfield fue una sensación global. Dado un conjunto de ciudades, y la distancia entre cada par posible, el problema del vendedor que viaja implica encontrar la mejor manera posible de visitar todas las ciudades exactamente una vez antes de regresar al punto de inicio.

Una solución a este problema usando redes neuronales fue presentado por primera vez por Hopfield y Tank.

Preguntas

1. Describe la diferencia entre redes neuronales biológicas y artificiales.

2. ¿Cuáles son las capacidades de la estructura de una red neuronal?

Capítulo 3

Enseñando a tus Redes

La actividad de una red neuronal puede ser categorizada en varias etapas de aprendizaje, durante las cuales la red colecta la información necesitada para determinar lo qué hará y cómo lo hará, y los pasos de un trabajo regular cuando la red debería resolver nuevas tareas dedicadas, dependiendo del tipo de conocimiento adquirido.

Lo más importante a entender es cómo funciona una red y la habilidad que tiene es el proceso de aprendizaje. Dos variaciones del aprendizaje pueden ser distinguidas: una que requiere de un maestro y una que no. Vamos a hablar acercad e aprender sin un maestro en el siguiente capítulo.

Este capítulo se enfocará en el aprendizaje con un tutor. Tal aprendizaje se basa en dar ejemplos a la red de acciones correctas que debería aprender a imitar. Un ejemplo normalmente incluye un conjunto específico de señales de entrada y salida, dadas por un maestro, para mostrar la respuesta esperada de la red para un conjunto dado de datos de entrada.

La red observa la conexión entre la entrada de datos y el resultado requerido y aprende a imitar la regla. Mientras se aprende con un tutor, siempre tienes que lidiar con un par de valores: una señal de entrada de muestra y una salida deseada (respuesta requerida) de la red a la señal de entrada. Por supuesto, la red puede tener muchas entradas y muchas salidas.

El par, de hecho, representa un conjunto completo de datos de entrada y de salida que deberían funcionar como una solución completa para una tarea. Los dos componentes (los datos para una tarea y la solución de salida) siempre son requeridos. Los términos de *maestro* y *tutor* requieren explicaciones en este punto. Un *tutor* no es necesariamente un ser humano que enseña a la red, aunque los humanos trabajan con las redes y las instruyen.

En la práctica, el rol de un tutor es asumido por una computadora que modela la red específica. Desafortunadamente, las redes neuronales no son muy inteligentes. ¡Aprender efectivamente una tarea difícil requiere miles, o inclusive cientos de miles de pasos! Ningún humano tiene la fuerza y la paciencia para ser tutor de un dispositivo que aprende tan lentamente.

Es por ello que un maestro o tutor en este contexto se refiere a un programa de computadora, suministrado por un humano, con un conjunto de aprendizaje definido. ¿Qué es un conjunto de aprendizaje? Aquí hay una tabla mostrando datos acerca de las tasas de contaminación en varias ciudades de Estados Unidos. Cualquier otro tipo de dato podría ser usado para explicar este concepto. Sin embargo, es importante usar datos reales.

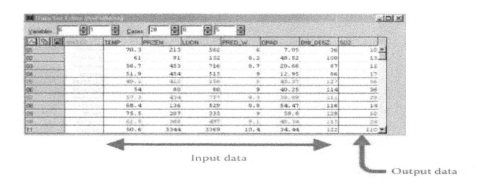

En una base de datos real, expliqué que, luego de dejar los elementos de la ventana original (un programa operando en esta base de datos)—los datos colectados en la base de datos, como puedes ver—podemos aislar aquellos datos que serán usados como salidas por la red.

Revisa el rango de columnas de la tabla con las flechas al fondo de la figura. Los datos nos permitirán predecir muchos niveles de contaminación del aire. Los datos cubren figuras de población, niveles de industrialización, condiciones climáticas, y otros factores. Cuando estos datos se usan como entradas, la red tendrá que predecir el nivel promedio de contaminación aérea en cada ciudad. Para una ciudad en la cual el nivel de contaminación no ha sido compilado, tendremos que adivinar.

Es allí donde una red previamente educada empezará a trabajar. El conjunto de datos de aprendizaje- datos de contaminación conocidos para varias ciudades- ha sido colocado en una columna apropiada de la tabla, la cual está marcada con una flecha roja (salida).

Por lo tanto, tienes exactamente el material que necesitas para enseñar a la red: un conjunto de pares de datos que contienen la entrada apropiada y los datos de salida. Podemos ver las causas (población, industrialización, y condiciones climáticas) y el resultado (valor de contaminación del aire).

Con esta estrategia, la red usa estos datos y aprenderá a funcionar apropiadamente (estimando los valores de contaminación del aire en las ciudades para las cuales las medidas apropiadas no han sido hechas aún).

Estrategias de aprendizaje ejemplares serán discutidas a fondo después. Mientras tanto, otro detalle de esto. Las letras en una columna de la tabla son apenas visibles porque aparecen en gris en vez de negro.

Este sombreado sugiere que los datos representados son algo menos importantes. La columna contiene los nombres de ciudades particulares.

Basada en esta información, la base de datos genera nuevos datos y resultados, pero, para una red neuronal, la información en las columnas es inútil. El nivel de contaminación del aire no está relacionado al nombre de la ciudad, entonces, inclusive si estos nombres están disponibles en la base de datos, no los usaremos para enseñar a las redes.

Las bases de datos a menudo contienen mucha data de información que no se necesita para enseñar a una red. Deberíamos recordar que el tutor involucrado en el aprendizaje de redes usualmente será un conjunto de datos que no son usados "como son", sino que es son ajustados a la función como un conjunto de aprendizaje siguiendo una selección cautelosa y una configuración apropiada (los datos a ser usados como entradas y datos a ser generados como salidas).

Una red no debería estar ensuciada con datos que un usuario sabe que no son útiles para revisar soluciones a un problema específico.

Además del método de aprender con un maestro descrito anteriormente, una serie de métodos de aprendizaje sin maestro (auto-aprendizaje) es posible también. Los métodos sólo consisten en pasar una serie de datos de prueba a la entrada de las redes, sin contar señales deseables o inclusive señales de salida anticipada.

Parece que una red neuronal apropiadamente diseñada puede usar solamente observaciones de señales de entrada para construir un algoritmo sensible de su propia actividad, basándose en ellas, la mayoría a menudo confiando en el hecho de que las clases de señales de entradas repetidas (quizás con cierta variedad) son automáticamente detectadas y la red aprende (espontáneamente, sin ningún aprendizaje abierto) a reconocer estos patrones de señales típicos.

Una red auto-didacta requiere un conjunto de aprendizaje consistente de datos brindados para la entrada. Ningún dato de salida es brindado porque, en esta técnica, necesitamos esclarecer las expectativas de la red respecto al análisis de datos específicos. Por ejemplo, si aplicamos los datos en la Figura 3.1 para aprender sin un maestro, deberíamos usar solamente las columnas descritas como entradas de datos, en lugar de dar a la red información de la columna indicada por el apuntador rojo.

Una red autodidacta no sería capaz de predecir los niveles de contaminación en diferentes ciudades, porque no puede ganar conocimiento por sí misma. Pero analizando los datos de diferentes ciudades, la red puede favorecer (sin ninguna ayuda) un gran grupo de ciudades industriales y aprender a diferenciarlas de pequeños pueblos del país que yacen en el centro las regiones agricultoras.

La red desarrollará esta distinción a partir de la entrada de datos dada al seguir la regla indicando que las ciudades industriales son similares, y que los pueblos agricultores también comparten propiedades en común entre sí.

Las redes neuronales pueden usar (sin ninguna ayuda) una regla para distinguir aquellas ciudades con buen y mal clima y determinar otras clasificaciones, dependiendo sólo de los valores de entradas de datos observados. Nota que la red auto-didacta es bastante interesante cuando se compara tales actividades de la red con las actividades de los cerebros humanos.

Las personas también tienen la habilidad de clasificar espontáneamente los objetos y los fenómenos que encuentran. Luego de que una clasificación adecuada ha sido ejecutada, las personas y las redes reconocen otro objeto que tenga las características pertenecientes a la clase previamente reconocida. El auto-aprendizaje es bastante interesante, dependiendo del uso.

Requiere conocimiento que puede ser inaccesible o difícil de encontrar. Una red neuronal colectará toda la información necesaria y nuevos segmentos sin ayuda exterior. Ahora, puedes imaginar (por diversión y para estimular tu imaginación, más allá de una necesidad real) que una red auto-didacta con una cámara de televisión es enviada en una sonda espacial sin tripulación a Marte.

No conocemos las condiciones en Marte. ¡No sabemos qué objetos debería reconocer nuestra sonda o cuántas clases de objetos serán encontradas! Pero inclusive sin esa información, la sonda aterrizará, y la red empezará el proceso de auto-aprendizaje.

Al principio, no reconoce nada y sólo observa sus alrededores. Sin embargo, con el tiempo, los procesos de auto-organización espontanea permitirán a la red aprender cómo detectar y diferenciar varios tipos de señales de entrada: rocas de piedras, y plantas de otros organismos vivos.

Si le damos suficiente tiempo a la red, aprenderá cómo diferenciar a los hombres Marcianos de las mujeres Marcianas, ¡incluso si su creador no sabía que las personas Marcianas existían! Por supuesto, la sonda auto-didacta en un vehículo en Marte es una creación hipotética inclusive cuando las redes que crean y reconocen patrones existen y son de uso común. Podríamos estar interesados en determinar cuántas formas de una enfermedad poco conocida pueden ser encontradas en realidad. ¿Es una condición una unidad de enfermedad o varias? ¿Cómo difieren los componentes? ¿Pueden ser curadas?

Puede ser suficiente para construir una red auto-didacta **almacenar** la información de pacientes registrados y sus propiedades a lo largo de un período.

Esta red producirá información de cuántos grupos típicos de síntomas y señales fueron detectadas y qué criterios pueden ser usados para clasificar pacientes en diferentes grupos. ¡Las aplicaciones de las redes neuronales para metas como estas podrían inclusive llevar a un Premio Nobel! Este método de auto-aprendizaje, seguramente, tiene muchos problemas, los cuales describiremos después.

Pero el auto-aprendizaje innegablemente tiene muchas ventajas. Podrías estar sorprendido de aprender que esta herramienta no es tan popular como debería ser, dadas sus muchas aplicaciones.

Métodos de Recolección de Información

Vamos a echar un vistazo al proceso de aprendizaje con un maestro. ¿Cómo gana y recolecta conocimiento una red? Ten en mente que, toda neurona tiene muchas entradas, por las cuales recibe las señales desde otras neuronas y desde los datos de la red para añadir a sus resultados de procesamiento. Cada señal de entrada es primero modificada por el peso, y sólo luego añadida a otras señales. Si cambiamos los valores de los pesos, una neurona empezará a funcionar dentro de la red de una manera nueva, y ultimadamente la red entera funcionará de una manera diferente. Las capacidades de aprendizaje de una red dependen de la elección de los pesos, de modo que todas las neuronas realicen las tareas exactas demandadas por la red. Una red puede contener miles de neuronas, y cada una de ellas puede manejar cientos de entradas, entonces es imposible para todas estas entradas crear los pesos necesarios simultáneamente y sin dirección.

Podemos, sin embargo, diseñar y lograr el aprendizaje al iniciar las actividades de la red con un cierto conjunto aleatorio de pesos y mejorándolos gradualmente. En cada paso del proceso de aprendizaje, los valores de los pesos de una o varias neuronas pasan por cambios. Las reglas para el cambio son fijadas de modo tal que cada neurona individual pueda calificar qué debe cambiar en sus propios pesos, cómo (si debe incrementarse o disminuirse), y cuánto.

El maestro pasa la información acerca de los cambios necesarios en los pesos que pueden ser usados por la neurona.

Obviamente, lo que no cambia es el hecho de que el método de cambiar los pesos corre a través de cada neurona de la red, espontáneamente e independientemente. De hecho, puede ocurrir sin intervención directa por la persona supervisando este proceso.

Lo que es más, el proceso de aprendizaje de una neurona es independiente de cómo aprende otra neurona. Por ende, el aprendizaje puede ocurrir simultáneamente en todas las neuronas de una red (por supuesto, esto sólo puede ocurrir en una red adecuada con un sistema electrónico único, y no por medio de un programa de simulación). Estas características nos permiten lograr velocidades bastantes altas de aprendizaje y un incremento sorprendentemente dinámico de las habilidades de una red, ¡la cual literalmente se vuelve más y más inteligente ante nuestros ojos! Debemos resaltar un punto clave una vez más: un maestro no tiene que pasar por los detalles del proceso de aprendizaje. Es suficiente para el maestro darle a la red un ejemplo de una solución correcta. La red comparará con su propia solución, obtenida del ejemplo del conjunto de aprendizaje, con la solución que fue grabada como un modelo (en su mayoría probablemente correcta) en el conjunto de aprendizaje.

Los algoritmos de aprendizaje son construidos de modo que el conocimiento acerca del valor de un error sea suficiente para permitirle a la red corregir los valores de sus pesos. Cada neurona corrige sus propios pesos en todas las entradas, separadamente bajo el control del algoritmo específico, luego de que recibe un mensaje de error.

Ilustra un mecanismo simple pero eficiente. Su uso sistemático causa que la red perfeccione sus propias actividades, hasta que finalmente es capaz de resolver todas las asignaciones de un conjunto de aprendizaje, por motivos de la generalización de este conocimiento. Puede también manejar asignaciones que serán introducidas en la fase de examinación. La manera de aprendizaje de la red descrita anteriormente es usada más a menudo, pero algunas asignaciones (por ejemplo, reconocimiento de imágenes) no requieren que una red tenga el valor exacto de una señal de salida deseada.

Para un aprendizaje eficiente, es suficiente darle a la red solamente información general acerca del tema, ya sea si su comportamiento actual es correcto o no. A veces, los expertos de red hablan acerca de "recompensas" y "castigos" en relación a la manera en la que todas las neuronas en una red encuentran e introducen las correcciones apropiadas a sus propias actividades sin salirse de la dirección. Esta analogía al entrenamiento de animales no es accidental.

Organizando Tu Red

La variedad de valores de los coeficientes de peso en cada neurona es contada en base reglas específicas (paradigmas de las redes). Las cantidades y variedades de las reglas que son usadas hoy en día son extremos porque la mayoría de los investigadores intenta posicionar sus propias contribuciones para el dominio de las redes neurales como nuevas reglas de aprendizaje.

Podemos considerar ahora dos reglas básicas de aprendizaje sin usar matemáticas: la regla de la caída más rápida, la cual es la base para la mayoría del aprendizaje algorítmico con un maestro, y la regla de Hebb, la cual es el ejemplo más simple de aprendizaje sin maestro.

La regla de la caída más rápida consiste en la recepción, por cada una de las neuronas, de las señales de la red o de otras neuronas. Las señales te dan el resultado desde los primeros niveles del procesamiento de los datos. Las neuronas generan la señal de salida usando su conocimiento de los valores previamente fijados de todos los factores de amplificación (pesos) de todas las entradas y (quizás) el límite. En la última sección, discutimos muchos métodos de marcar los valores de las señales generadas por neuronas basados en la señal de entrada.

En cada paso del método de aprendizaje, el valor de la señal de salida de una neurona se compara a la respuesta del maestro dentro del proceso de aprendizaje.

En ese período de divergencia, el cual ocurre usualmente en el primer paso del método de aprendizaje, la neurona intenta encontrar la diferencia entre su propia señal de salida y el valor de la señal que el maestro indica como correcta. La neurona puede entonces decidir cómo cambiar los valores de los pesos para reducir el error.

Será útil entender el área de un error. Ya sabes que la actividad de la red se basa en los valores de los coeficientes de peso de las neuronas constituyentes. Si conoces el conjunto de todos los coeficientes de peso existentes en todas las neuronas de la red neuronal, sabremos cómo puede actuar una neurona.

En particular, podemos hipotetizar una red de asignaciones, ejemplos y soluciones que son accesibles como una parte del conjunto de aprendizaje. Cada vez que la red brinda su propia respuesta a una pregunta, puedes comprar su respuesta a la respuesta correcta encontrada en el conjunto de aprendizaje, revelando por lo tanto los errores de la red.

Medir los errores siempre es la diferencia entre la respuesta de la red neuronal r y el valor del resultado en el conjunto de aprendizaje m. para estimar las actividades generales de la red con conjuntos definidos de coeficientes de pesos en las neuronas, usualmente usas el total de los cuadrados de los errores colectados por la red para cada caso del conjunto de aprendizaje. Los errores son elevados al cuadrado antes de la adición para evitar el problema de la compensación mutua de errores positivos y negativos. Esto resulta en fuertes penalizaciones para errores grandes.

Por ende, un error dos veces más grande llevará un componente cuádruple en el resultado total. Cada estado de aprendizaje bueno o malo de esta red neuronal puede ser unido al punto de la superficie horizontal (de color azul claro) mostrada en la figura, con sus coordenadas de coeficiente de peso.

Sólo piénsalo: ahora haz localizado esos valores de peso en la red neuronal que cumplen con la ubicación del punto rojo en la figura.

Examinar una red neuronal **significa** que todos los elementos de un conjunto de aprendizaje resolverán el valor total de los errores. En el punto rojo, puedes colocar una flecha roja apuntando hacia arriba.

La altura representará el valor final en base el eje vertical. Para hacer lo mismos pasos usando el apuntador azul, sólo piensa en hacer los mismos actos para todas las combinaciones de coeficientes- es decir, para todos los puntos de la luz azul.

Veremos que muchos errores pueden ser más grandes, y otros más pequeños. Si tuvieras la paciencia para examinar tu red muchas veces, verías los errores colocados en la superficie sobre los diferentes pesos.

Puedes ver muchos de ellos en la superficie. Esta red está dando varios errores, y pueden ser evitados. Una red neuronal dando errores pequeños también es posible.

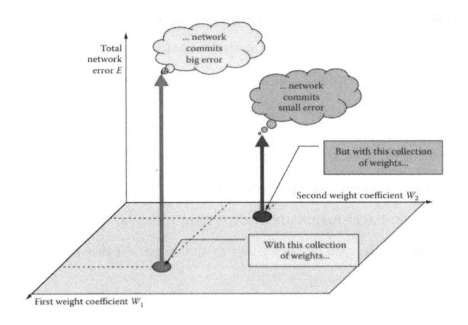

Uso del Momento

Un método de maximizar la velocidad de aprendizaje sin afectar la estabilidad es usando un componente adicional llamado momento en el algoritmo de aprendizaje. El momento toma el proceso de aprendizaje más allá al cambiar los pesos en los que los que el proceso depende y los errores actuales, y permitir el aprendizaje en el primer paso.

Permite una comparación del aprendizaje con y sin momento y el proceso de cambiar los coeficientes de peso. Podemos mostrar sólo dos de ellos, y por ende el dibujo debería ser interpretado como una proyección en el plano determinada por el coeficiente de peso, wi, y el proceso de adaptación del peso, wj, que toma lugar en el espacio n dimensional de los pesos.

Podemos ver el comportamiento de sólo dos entradas para una neurona específica de la red, pero los procesos en otras neuronas son similares.

Los puntos rojos (tono oscuro) representan los puntos iniciales (la configuración antes de iniciar el aprendizaje de los valores de los coeficientes de peso). Los puntos amarillos indican los valores de los coeficientes de peso obtenidos durante los procesos de aprendizaje. Se ha hecho una suposición, que es que el mínimo de la función error es alcanzado en el punto indicado por el signo más (+).

La elipse azul muestra el contorno del error estable (el conjunto de valores de coeficientes de peso para los cuales el proceso de aprendizaje mantiene el mismo nivel de error). Como se muestra en la figura, introducir momento estabiliza el proceso de aprendizaje pues los coeficientes de peso no cambian tan violentamente o tan frecuentemente.

Esto hará más adecuado al método pues lo consecutivo apunta al camino del punto positivo más rápido. Usamos el momento para aprender de una regla porque mejorará la proporción de soluciones correctas obtenidas, y los costos de ejecución son menores.

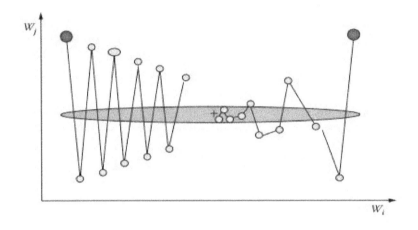

Preguntas

1. Define Brevemente el uso del momento.

2. ¿Cómo puede recolectar información la red?

3. Lista los factores que afectan la organización de la red.

Capítulo 4

Uso de las Redes Neuronales

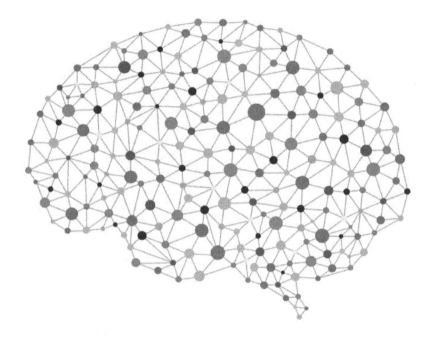

Usando las Redes Neuronales de una Manera Práctica

Esto te llevará un sitio que describe precisamente, paso a paso, todas las tareas requeridas para usar estos programas legalmente sin costo. Necesitarás estos programas para verificar la información acerca de las redes neuronales en este libro. Instalar estos programas en tu computadora te permitirá descubrir varias características de redes neuronales, conducir experimentos interesantes, e inclusive divertirte con ellas.

No te preocupas. Se requiere poca experiencia de instalar programas. Las instrucciones de instalación detalladas aparecen en el sitio web. Nota que las actualizaciones del software rápidamente harán que los detalles de este libro queden obsoletos. A pesar de esa posibilidad, debemos explicar algunos de los procedimientos.

Descargar los programas del sitio es bastante fácil, y puede hacerse con un clic del ratón.

Sin embargo, obtener los programas no es suficiente. Están escritos en lenguaje C# y tienen que ser instaladas biblioteca s en el .NET Framework (V.2.0). Todo el software de instalación requerido está en el sitio.

El primer paso es instalar las biblioteca s. Podrías tener algunas de estas bibliotecas instaladas en tu computadora ya, de modo que podrías encontrar innecesario este paso. Si estás en esta situación, puedes saltar el paso del .NET Framework, pero te sugerimos hacerlo por si acaso.

Si los programas correctos ya han sido instalados en tu computadora, el componente de instalación determinará que no necesita instalar nada. Sin embargo, el sitio puede contener versiones más nuevas de las bibliotecas, en cuyo caso el instalador debería funcionar. Siempre es sabio reemplazar el software antiguo con versiones más recientes. El software nuevo servirá para muchos propósitos más allá de aquellos que son descritos en este libro.

Luego de que instales las bibliotecas necesarias del .NET Framework, en las cuales las acciones futuras dependen de acuerdo a los lineamientos del sitio, el instalador correrá de nuevo. Esto te permitirá instalar todos los programas de muestra automáticamente y sin dolor.

Los necesitarás para realizar los experimentos cubiertos en este libro. Cuando la instalación sea finalizada, serás capaz de acceder a los programas por medio del menú de inicio usado por la mayoría de los programas. Realizar experimentos con .NET te ayudará a entender las redes neuronales teóricamente, así como también demostrar su uso para propósitos prácticos.

Si no crees este punto es simple, esta es la parte difícil de la instalación: el instalador pregunta al usuario (1) dónde instalar los programas y (2) quién debería tener acceso.

La mejor respuesta es mantener los valores por defecto y cliquear en "Siguiente". Los usuarios más inquisitivos tienen dos opciones más: (1) descargar el código fuente y (2) instalar el ambiente de desarrollo integrado llamado Visual Studio.NET.

La primera opción te permite descargas las versiones de prueba de todos los programas de muestra cuyas versiones ejecutables usarás mientras estudias con este libro. Es bastante interesante ver cómo estos programas han sido diseñados y por qué funcionan como funciona. Tener el código fuente te permitirá- si te atreves- modificar los programas y realizar experimentos aún más interesantes. Debemos enfatizar que los códigos fuentes no son necesarios si simplemente quieres usar los programas. Obviamente, tener los códigos te permitirá aprender y usar los recursos disponibles de formas interesantes. Obtener los códigos no es difícil.

La segunda opción, instalar Visual Studio .NET, es para los lectores ambiciosos que quieran modificar nuestros programas, diseñar sus propios experimentos, o escribir sus propios programas. Alentamos a los lectores a instalar Visual Studio .NET incluso si sólo quieren ver el código fuente. Hacer ver el código más sencillo sólo tomará unos pocos minutos extra. Visual Studio .NET es bastante fácil de instalar y usar.

Luego de la instalación, serás capaz de realizar muchas más tareas, tales como añadir conjuntos externos, diagnosticar aplicaciones fácilmente, y generar rápidamente versiones complicadas del software.

Recuerda que instalar los códigos fuentes y Visual Studio .NET son totalmente opcionales.

Para correr los programas de muestra que te permitirán crear y probar los experimentos de redes neuronales descritos en este libro, solamente tendrás que instalar el .NET Framework (el primer paso) y los programas de muestra (el segundo paso).

¿Qué sigue? Para correr cualquier ejemplo, debes primero elegir un comando apropiado desde el menú de Inicio/Programas/Ejemplos de Redes Neuronales. Luego e hacer tu elección, puedes recrear y analizar cada red neuronal descrita en este libro con tu computadora. Inicialmente tu sistema usará una red cuya forma y medidas fueron diseñadas por nosotros. Luego de que ganes acceso al código fuente, serás capaz de modificar y cambiar lo que quieras. El programa inicial creará redes vivas en tu computadora y te permitirá enseñarlas, probarlas, analizarlas, resumirlas y examinarlas. Este método de descubrir las características de redes neuronales- al construirlas y hacerlas funcionar- podría ser incluso más pleno que aprender la teoría y asistir a lecturas.

La forma en que una red neuronal funciona depende de su estructura y propósito. Es por ello que discutiremos situaciones específicas en capítulos subsecuentes.

Empezaremos con reconocimiento de imágenes, porque es la función de red más simple de explicar. Este tipo de red recibe una imagen como una entrada y, luego de categorizar la imagen en base al aprendizaje previo, produce una salida.

Este tipo de red fue discutida en el último capítulo. Una red maneja la tarea de clasificar imágenes geométricas al identificar letras impresas y escritas a mano, planos, siluetas, o rostros humanos.

¿Cómo opera este tipo de red? Para responder eso, debemos empezar desde una red absolutamente simplificada que contiene sólo una neurona. "¿Qué? ¿Crees que una sola neurona no puede formar una red, ya que una red debería contener muchas neuronas conectadas todas entre sí? " la cantidad de neuronas no importa realmente, e inclusive una red pequeña puede producir salidas.

La capacidad de una Sola Neurona

Como se mencionó anteriormente, una neurona recibe señales de entrada y las multiplica por factores (pesos asignados individualmente durante el proceso de aprendizaje), lo cuales son añadidos después y combinados en una sola señal de salida. Para repasar, ya sabes que las señales sumadas en redes más complicadas combinan e para llevar a una señal de salida con una función apropiada (generalmente no lineal). El comportamiento de nuestra neurona lineal simplificada involucra mucha menos actividad.

El valor de la señal de salida depende del nivel de aceptación entre las señales de cada entrada y los valores de sus pesos. Esta regla aplica idealmente sólo a las señales de entrada y pesos normalizados. Sin una normalización específica, el valor de una entrada de saluda puede ser tratado como la medida de similitud entre el montaje de las señales de entrada y el montaje de sus pesos correspondientes.

Podrías decir que una neurona tiene su propia memora y almacena representaciones de su conocimiento (patrones de datos de entrada como valores de los pesos) allí. Si las señales de entrada coinciden con el patrón recordado, una neurona las reconoce como familiares y responde con una señal de salida fuerte.

Si la red no encuentra conexión alguna entre las señales de entrada y el patrón, la señal de salida es cercana a 0 (no hay reconocimiento). Es posible que ocurra una contradicción total entre las señales de entrada y los valores de peso. Una neurona lineal genera una señal de salida negativa en ese caso. Cuanto más grande es la contradicción entre la imagen de la neurona de la señal de salida y su valor real, más fuerte es la señal negativa.

Te invitamos a instalar y correr un programa sencillo llamado Ejemplo 01a para realizar algunos experimentos. Aprenderás mucho más acerca de las redes si intentas mejorar el programa.

Luego de inicializar Ejemplo01a, verás un ventana en el programa. El texto en la sección superior explica lo que vamos a hacer.

El cursor parpadeante señala que el programa características de la flor concerniente está esperando por el peso de la entrada de la neurona (en este caso, un valor fragrante). Puedes introducir el valor al escribir un número, cliquear en las flechas al lado del campo, o usando las flechas de arriba y abajo en el teclado. Luego de insertar el valor para la característica fragrante, pasa al siguiente campo que corresponde a la segunda característica, L color.

Asumamos que quieres que tu neurona prefiera las flores coloridas y fragrantes, con más peso para el color. Luego de recibir una respuesta apropiada, la ventana del programa se verá como este programa, y cada otro que uses te permitirá cambiar tu decisión y escoger otra entrada. El programa intentará actualizar los resultados de sus cálculos.

Luego de que introducimos los datos de la característica (los cuales son de hecho valores de peso), podemos estudiar cómo funciona la neurona. Puedes introducir varios conjuntos de datos, como se muestra en la Figura 4.4, y el programa calculará la señal de salida resultante y su significado. Recuerda que puedes cambiar las preferencias de la neurona y la descripción de la flor en cualquier momento.

Si estás usando un ratón o las flechas para introducir datos, no tienes que cliquear en el botón de "recalcular" cada vez que quieres ver el resultado; los cálculos son ejecutados automáticamente. Cuando introduces un número del teclado, tienes que cliquear en el botón porque la computadora no sabe si terminaste de introducir el número o si la dejaste para ir a comerte un sándwich de atún.

La siguiente etapa es experimentar con una neurona en una situación inusual. El punto del experimento en esta ventana es observar cómo reacciona la neurona a un objeto que difiere de su flor fragrante y colorida ideal. Mostramos a la neurona una flor llena de colores y sin fragancia. Como puedes ver, ¡a la neurona le gustó esta flor también!

Encontrarás que "jugar" con programa Ejemplo01a es un ejercicio que vale la pena. Mientras introduces varios conjuntos de datos, rápidamente verás cómo funciona una neurona de acuerdo a una regla simple. La neurona trata su peso como un modelo para la señal de entrada que quiere reconocer. Cuando recibe un combinación de señales que corresponde al peso, la neurona "encuentra" algo familiar y reacciona entusiásticamente al generar una señal de salida fuerte. Una neurona puede señalar indiferencia con una señal de salida baja, e inclusive indicar aversión por medio de una salida negativa, porque su naturaleza es reaccionar positivamente a la señal que reconoce.

Una examinación cuidadosa mostrará que el comportamiento de una neurona depende sólo del ángulo entre el vector del peso y el vector de la señal de entrada. Usaremos el Ejemplo 01b para demostrar más adelante que a una neurona le gusta o le desagrada algo al presentar una flor ideal como un punto (o vector) en el espacio de entrada.

Cuando fijas las preferencias de una neurona, le dices, por ejemplo, que prefiera las flores fragrantes y coloridas. La fragancia y el color son vectores de peso separados. Puedes dibujar dos ejes. En el eje horizontal, puedes notar los valores de la primera característica (fragancia) e indicar los valores de la segunda (color) en el eje vertical. Puedes marcar las preferencias de la neurona en los ejes. El punto dónde estas coordenadas se unen indica las preferencias de la neurona.

Una neurona que sólo valora la fragancia de una flor y es indiferente al color será representada por un punto localizado máximamente a la derecha (un valor alto de la primera coordenada), pero en el eje horizontal, tendrá un número bajo o cero. Una flor de orquídea tiene colores hermosos y un olor débil y a veces desagradable. La orquídea estaría ubicada alto en el eje vertical (alto valor de color) y a la izquierda del eje horizontal para indicar un olor débil o desagradable. El color de la flor es valorado en el eje vertical y la fragancia en el eje horizontal. Puedes tratar cualquier objeto que quisieras que una neurona marcara con esta técnica.

Preguntas

1. Implementa una red neuronal usando el .NET Framework.

www.ingramcontent.com/pod-product-compliance
Lightning Source LLC
Chambersburg PA
CBHW070851070326
40690CB00009B/1790